AF282542

Personal OKR

Mehr Erfolg durch persönliches Wachstum
und der eigenen Weiterentwicklung

www.personalokr.de

Oliver Pinkoss

Copyright © 2023 Oliver Pinkoss. All rights reserved.

Soweit nicht anders angegeben, sind alle Materialien auf diesen Seiten von Oliver Pinkoss urheberrechtlich geschützt. Alle Rechte vorbehalten. Kein Teil dieser Seiten, weder Text noch Bild, darf ohne vorherige schriftliche Zustimmung für den persönlichen Gebrauch verwendet werden.

Bibliografische Information der Deutschen Nationalbibliothek: Die Deutsche Nationalbibliothek verzeichnet diese Publikation in der Deutschen Nationalbibliografie; detaillierte bibliografische Daten sind im Internet über www.dnb.de abrufbar.

Layout & Texte: Oliver Pinkoss
Cover Design: Sharon Pinkoss

Herstellung und Verlag: BoD – Books on Demand, Norderstedt

ISBN 978-3-75785-172-9

Personal OKR ist der Kompass
zu unseren Zielen,
der uns mutig vorantreibt und
unser volles Potenzial entfaltet.

Inhalt

Teil III

Personal OKR 58

Teil IV

Personal OKR Canvas 102

Vorwort

Ich freue mich sehr, dir das Buch „Personal OKR - Mehr Erfolg durch persönliches Wachstum und der eigenen Weiterentwicklung" vorzustellen. In einer Zeit, die von schnellen Veränderungen und stetigem Wandel geprägt ist, wird es immer wichtiger, dass du aktiv an deiner persönlichen Entwicklung arbeitest und dein Wachstum bewusst gestaltest.

OKR - Objectives and Key Results - ist ein bewährtes Instrument aus der Geschäftswelt, das bisher hauptsächlich in Unternehmen eingesetzt wurde, um strategische Ziele zu setzen und erfolgreich umzusetzen. Aber ich bin fest davon überzeugt, dass dieses Framework auch für den persönlichen Gebrauch angepasst werden kann. Indem du die Rahmenbedingungen aus dem nicht geschäftlichen Umfeld richtig integrierst, kannst du von den Vorteilen von OKR in deinem eigenen Leben profitieren. Dieses Buch soll dir einen umfassenden Einblick in die Welt der Personal OKR geben. Gemeinsam werden wir erkunden, wie du klare Ziele für dich definierst, deine Fortschritte messbar machst und dich selbst zu Höchstleistungen motivierst. Egal ob du deine Karriere vorantreiben, neue Fähigkeiten erlernen, dein Zeitmanagement optimieren oder deine Work-Life-Balance verbessern möchtest - Personal OKR bietet dir eine effektive Methode, um fokussiert und erfolgreich voranzuschreiten.

Der Schlüssel zum Erfolg liegt darin, deine Visionen zu erkennen und diese in konkrete und erreichbare Ziele umzuwandeln. Durch die Anpassung der OKR-Techniken an deine persönlichen Rahmenbedingungen wirst du in der Lage sein, deine

Träume in greifbare Schritte zu unterteilen und deinen Fortschritt zu verfolgen. Gleichzeitig erlaubt dir die flexible Struktur von OKR, dich an sich ändernde Umstände anzupassen und deine Pläne zu optimieren, ohne den Fokus auf das Wesentliche zu verlieren.

Mein Wunsch ist es, dass dieses Buch dir nicht nur wertvolles Wissen vermittelt, sondern auch eine Inspirationsquelle für dein persönliches Wachstum darstellt. Jeder von uns trägt das Potenzial in sich, sich kontinuierlich zu verbessern und seine Ziele zu erreichen. Mit Personal OKR kannst du deinen persönlichen Erfolgsweg bewusst gestalten.

Ich danke dir von Herzen, dass du dich für dieses Buch entschieden hast, und bin zuversichtlich, dass du von den darin enthaltenen Ideen und Techniken profitieren wirst. Ich möchte auch betonen, dass dieses Buch nicht nur über Personal OKR spricht, sondern auch mit Hilfe dieses Frameworks zielgerichtet entwickelt und erstellt wurde. Während des gesamten Schreibprozesses habe ich die Prinzipien von OKR angewendet, um meine eigenen Ziele und Meilensteine zu setzen und meinen Fortschritt zu überwachen. Dies hat mir ermöglicht, mich auf das Wesentliche zu konzentrieren, mich flexibel an Veränderungen anzupassen und kontinuierlich an der Verbesserung des Buches zu arbeiten. Ich bin daher zuversichtlich, dass die Inhalte dieses Buches nicht nur theoretisch fundiert sind, sondern auch in der Praxis erprobt und wirksam sind. Mein Ziel ist es, dass du als Leser davon profitierst und durch die Anwendung von Personal OKR deine persönlichen Ziele erfolgreich erreichst.

Ich bin gespannt wie deine Reise mit Personal OKR sich entwickelt. Teile doch gerne mit mir deine Erfahrungen. Ich freue mich wenn du mit mir Kontakt aufnimmst. Schreibe mit gerne per E-Mail an *feedback@personalokr.de*

Viel Erfolg auf deiner Reise des persönlichen Wachstums und der Weiterentwicklung!

Einleitung

Erreiche deine Ziele wie ein Profi: Maximiere deinen Erfolg mit OKRs!

Mit Personal OKR (Objectives and Key Results) kannst du deine persönliche Performance optimieren und richtig durchstarten. Egal, ob du deine Karriere pushen, gesündere Gewohnheiten etablieren oder persönlich wachsen möchtest – Personal OKR sind das perfekte Tool, um deine Träume zu verwirklichen.

Ich teile praktische Tipps, bewährte Strategien und coole Ressourcen, die dir dabei helfen, Hürden zu überwinden, deine Produktivität zu steigern und aus deinen OKR echte Erfolge zu machen.

Im ersten Teil des Buches beschreibe ich meine persönliche Reise, die mich dazu inspiriert hat, das Personal OKR Framework zu entwickeln. Es war meine Suche nach einer effektiven Methode, um meine eigenen Ziele zu setzen und mich persönlich weiterzuentwickeln. Ich habe erkannt, dass die herkömmlichen Ansätze, wie sie im Geschäftsumfeld verwendet werden, nicht immer auf persönliche Ziele übertragbar sind. Aus diesem Grund habe ich mich entschlossen, ein Framework zu entwickeln, das speziell auf individuelle Bedürfnisse und Wachstum abgestimmt ist.

Teil II befasst sich mit den Grundlagen von OKR und dem Verständnis dafür wie es im Geschäftsumfeld eingesetzt wird.

OKR ist ein bewährtes Framework, das Organisationen dabei hilft, ihre Ziele zu setzen und zu erreichen. Ich erläutere die Prinzipien und Methoden von OKR und zeige wie sie auf individuelle Ziele übertragen werden können. Dabei ist es wichtig zu betonen, dass die Anpassung von OKR auf persönliche Ebene einige Unterschiede und Besonderheiten erfordert.

Im Teil III stelle ich mein Personal OKR Framework vor, das auf den Grundlagen von OKR aufbaut, aber spezifische Anpassungen für individuelles Wachstum und persönliche Ziele enthält. Ich erläutere, wie die Kernkonzepte von OKR - wie z.B. Zielsetzung, Messbarkeit und regelmäßige Überprüfung - auf persönliche Entwicklung angewendet werden können. Dabei betone ich, dass das Personal OKR Framework flexibel ist und an die individuellen Bedürfnisse und Vorlieben jedes Einzelnen angepasst werden kann.

Zum Anschluß gebe ich noch ein Zusatz-Tool für alle an die Hand. Teil IV zeigt das Personal OKR Canvas, das als Werkzeug dient, um OKR zu definieren und zu visualisieren. Das Canvas bietet eine strukturierte Methode, um die eigenen Ziele zu formulieren, Schlüsselergebnisse festzulegen und den Fortschritt zu verfolgen. Es ermöglicht eine klare Visualisierung des OKR-Prozesses und unterstützt die kontinuierliche Überprüfung und Anpassung der Ziele.

Starte jetzt und entdecke die Power der OKRs für deinen persönlichen Erfolg!

PERSONAL
OUTLOOK

Teil I

Mein Weg

Mein Weg

Eines Tages merkte ich, dass meine ganzen - und das waren nicht wenige - To-do Listen mir keine Orientierung, Halt und Fokussierung gegeben haben. Ich spreche gerade nicht von meiner Arbeit, sondern aus meinem privaten bzw. persönlichen Umfeld.

Nach Ansätzen wie "Geeting Things Done (GTD)" und Ähnliches bin ich dann zu Personal Kanban gekommen. Die Methodik von Kanban in den persönlichen Alltag zu übernehmen, hat mir zum ersten mal wieder Orientierung, Transparent und das Gefühl von Erfolge gegeben. Und doch hat mir erst unbewusst und mit der Zeit immer bewusster etwas gefehlt.

Personal Kanban ist wirklich gut für private Projekte und das Abarbeiten von Aufgaben (WIP, Work in Progress) bei voller Transparenz. Wo es wenig hilfreich ist, ist das Fokussieren auf Ziele. Besser gesagt auf Zielbilder. Hier greift dann auch der Unterschied von Outcome vs. Output. Personal Kanban ist klar Output orientiert.

Doch wie schaffe ich meine persönlichen Ziele zu definieren und erreichbar zu machen?

Ich führe seit vielen Jahren schon so eine Art Bucketliste mit Dingen, Zielen usw. die ich noch erreichen, umsetzen oder erleben möchte. Manche Themen verfolge ich intensiver als andere. Bestimmte Ereignisse sind dann auch per Zufall eingetreten, so dass hier ein Thema von der Liste abgehackt werden konnte.

Andere werden so wohl nicht den Erfolgshacken bekommen.

In der Corona-Zeit machte ich mir viele Gedanken dazu. Und dann bin ich Anfang letzten Jahres über einen Artikel (leider finde ich ihn nicht mehr) auf die Nutzung des OKR Frameworks im privaten Umfeld gestoßen. Da ich im Arbeitsumfeld schon mit OKR kontakt hatte, fand ich den Ansatz sehr interessant. Nach dem Studium einiger Blogs und Bücher zu OKR (um das vorhandene Wissen zu vertiefen und neue Perspektiven zu bekommen) habe ich angefangen mein eignes OKR-Model mit dem Framework zu gestalten.

Wie gesagt das ist mein Weg... finde gerne Deinen!

Teil II

OKR Grundlagen

Historie von OKR

Die Historie von OKR - Von Überlegungen zu einer revolutionären Methodik.

OKR, auch bekannt als Objectives and Key Results, ist eine leistungsstarke Methodik zur Zielsetzung und Erreichung von Ergebnissen. Ursprünglich entwickelt von Intel in den 1970er Jahren und später verfeinert von Unternehmen wie Google, hat sich OKR seitdem zu einem integralen Bestandteil vieler organisatorischer Erfolgsgeschichten entwickelt.

Die Geschichte von OKR beginnt mit der Erkenntnis, dass herkömmliche Zielsetzungsmethoden oft zu starr und hierarchisch waren, wodurch die Agilität und Anpassungsfähigkeit von Unternehmen beeinträchtigt wurde. Intel-Mitbegründer Andy Grove erkannte diesen Mangel und entwarf eine alternative Vorgehensweise, um Unternehmen zu helfen, sich besser auf ihre Ziele zu fokussieren und flexibler auf sich ändernde Umstände zu reagieren.

In den frühen Tagen war OKR primär auf Intel beschränkt, aber es sollte bald seine Wirkung über die Grenzen des Unternehmens hinaus entfalten. Eine entscheidende Wende kam, als John Doerr, ein ehemaliger Intel-Mitarbeiter, die Methode bei Google einführte. Dort erlebte OKR eine beispiellose Verbreitung und half Google dabei, seine ambitionierten Ziele zu erreichen und sich als eines der innovativsten Unternehmen der Welt zu etablieren.

Das Erfolgsgeheimnis von OKR liegt in seiner Einfachheit und Flexibilität. Es besteht aus zwei Hauptkomponenten: den Objectives (Ziele) und den Key Results (Schlüsselergebnissen). Objectives sind klare und inspirierende Formulierungen, die den gewünschten Zustand beschreiben, den ein Unternehmen, ein Team oder ein einzelner Mitarbeiter erreichen möchte. Key Results hingegen sind messbare und spezifische Ergebniszahlen, die den Fortschritt auf dem Weg zur Zielerreichung überwachen sollen.

Ein weiterer entscheidender Aspekt von OKR ist seine Verbindung zur Unternehmenskultur. OKR fördert eine transparente und gemeinschaftliche Arbeitsumgebung, in der jeder seine Objectives und Key Results teilen kann. Dies schafft ein Gefühl der Zusammenarbeit, des Engagements und der Verantwortung in der gesamten Organisation. Jeder Mitarbeiter ist in der Lage, seine individuellen Ziele mit den übergeordneten Unternehmenszielen in Einklang zu bringen und einen direkten Beitrag zum Gesamterfolg zu leisten.

Im Laufe der Jahre hat sich OKR als äußerst wirksame Methode erwiesen, um Organisationen auf Kurs zu halten und die Leistung zu steigern. Unternehmen wie Google, Twitter, Uber und viele andere haben von der Implementierung von OKR profitiert und damit ihre Innovations- und Wachstumsziele erreicht.

Darüber hinaus hat sich OKR auch außerhalb des Technologiebereichs verbreitet und wird nun in Unternehmen jeder Größe und Branche angewendet. Die Skalierbarkeit von OKR ist einer der Gründe für seine Beliebtheit, da es sowohl für Start-ups als auch für etablierte Unternehmen geeignet ist.

Die Einführung von OKR erfordert jedoch eine umfassende

Veränderung der Denkweise und Kultur in einer Organisation. Es erfordert Offenheit für Feedback, regelmäßige Überprüfungen von Fortschritt und Ergebnissen sowie die Bereitschaft, Ziele anzupassen und neu auszurichten, wenn sich die Umstände ändern.

Insgesamt hat sich die Historie von OKR zu einer Erfolgsgeschichte entwickelt. Von den Anfängen bei Intel über die Ausbreitung bei Google bis hin zur weltweiten Anwendung in verschiedenen Industrien hat OKR gezeigt, dass es eine leistungsstarke Methode ist, um Ziele zu setzen, den Fortschritt zu messen und letztendlich herausragende Ergebnisse zu erzielen. Mit seiner einfachen Struktur, seinem klaren Fokus und seiner Verbindung zur Unternehmenskultur hat OKR das Potenzial, Organisationen auf ein neues Leistungsniveau zu heben.

Die Erfolgsgeschichten von Unternehmen, die OKR implementiert haben, sind beeindruckend. Google nutzt OKR beispielsweise seit vielen Jahren, um seine ehrgeizigen Ziele zu erreichen. Durch die klare Ausrichtung und regelmäßige Überprüfung der Key Results konnte Google den Erfolg seiner Produkte und Dienstleistungen vorantreiben und Innovationen vorantreiben.

Nicht nur große Technologieunternehmen haben von OKR profitiert, sondern auch Organisationen in anderen Branchen wie Bildung, Gesundheitswesen und gemeinnützigen Organisationen. OKR hat sich als wirksame Methode erwiesen, um die Zusammenarbeit, den Fokus und die Leistung in verschiedenen Kontexten zu verbessern.

Die Zukunft von OKR sieht vielversprechend aus. Immer mehr Unternehmen erkennen die Vorteile der Methodik und geben ihr Potenzial frei. Mit der fortschreitenden Digitalisierung und dem zunehmenden Wettbewerbsdruck wird OKR eine immer wichtigere Rolle spielen, um Unternehmen dabei zu unterstützen, sich anzupassen, zu innovieren und erfolgreich zu sein.

Trotz der beeindruckenden Erfolgsbilanz von OKR gibt es auch Herausforderungen bei der Implementierung. Einige Unternehmen haben Schwierigkeiten, OKR richtig einzuführen und den gewünschten Nutzen zu erzielen. Eine sorgfältige Planung, Schulung und Unterstützung sind entscheidend, um sicherzustellen, dass OKR effektiv und effizient angewendet wird.

Es gibt jedoch auch Herausforderungen bei der Implementierung von OKR. Die Methode erfordert ein hohes Maß an Disziplin und klarem Denken, um sicherzustellen, dass Objectives und Key Results sinnvoll und realistisch sind. Es erfordert auch eine kontinuierliche Kommunikation und Überprüfung, um sicherzustellen, dass alle Teammitglieder auf dem gleichen Stand sind und auf die gleichen Ziele hinarbeiten.

Trotz dieser Herausforderungen ist OKR zweifellos eine der vielversprechendsten Methoden zur Zielerreichung und Leistungssteigerung. Die Historie von OKR zeigt, dass es nicht nur ein Trend ist, sondern eine bewährte und nachhaltige Methode, um Organisationen auf ihrem Erfolgsweg zu unterstützen. Mit der richtigen Implementierung und Integration in die Unternehmenskultur kann OKR dazu beitragen, dass Organisationen ihre Ziele effizienter erreichen, sich schneller anpassen und kontinuierlich verbessern können. Indem OKR die Prioritäten klar festlegt und den Fortschritt transparent macht, kann es eine Kultur der Verantwortung, des Engagements und des kontinuierlichen Lernens fördern.

Eine der Stärken von OKR liegt darin, dass es sich anpassen kann, um den sich verändernden Bedürfnissen und Herausforderungen von Unternehmen gerecht zu werden. Es ermöglicht Flexibilität und Agilität, da Objectives und Key Results regelmäßig überprüft und angepasst werden können, um sicherzustellen, dass sie relevante und aktuelle Ziele abbilden.

Darüber hinaus kann OKR als ein Instrument zur Förderung der Mitarbeiterentwicklung dienen. Indem jedem Mitarbeiter klare Ziele und Ergebnisse zugewiesen werden, schafft OKR eine klare Richtung, auf die sie hinarbeiten können. Dies kann das Empowerment und die Motivation der Mitarbeiter steigern, da sie eine klare Vorstellung davon haben, wie sie zum Erfolg des Unternehmens beitragen können.

Insgesamt hat sich OKR als eine Methode erwiesen, die nicht nur Unternehmen dabei unterstützt, ihre Ziele effizienter zu erreichen, sondern auch eine positive und engagierte Unternehmenskultur fördert. Die Zukunft von OKR sieht vielversprechend aus, da immer mehr Organisationen erkennen, welche Vorteile es bietet. Indem sie die Prinzipien von OKR umsetzen und an ihre individuellen Bedürfnisse anpassen, können Organisationen einen Wettbewerbsvorteil erzielen und ihre Leistungsfähigkeit maximieren.

In einer Zeit, in der der Wandel und die Geschwindigkeit des Geschäftslebens immer größer werden, ist OKR eine Methode, die Organisationen dabei unterstützt, sich anzupassen, Innovationen voranzutreiben und erfolgreich zu sein. Mit seiner bewährten Historie und seiner vielseitigen Anwendbarkeit bleibt OKR ein wichtiges Instrument für Unternehmen auf ihrem Weg zum Erfolg. Wenn es richtig umgesetzt wird, kann es eine Schlüsselrolle dabei spielen, dass Unternehmen ihre Ziele effizienter erreichen und ihre Leistung steigern.

Ziele erreichen

Die Methodik von OKR bietet einen klaren Rahmen, um Ziele zu setzen und Ergebnisse zu erzielen. Indem man einen systematischen und strukturierten Ansatz verfolgt, kannst du mit OKR effektiv daran arbeiten, dein Objectiv zu erreichen. Hier sind einige Schritte, die dir dabei helfen können.

Definiere ein inspirierendes Objective - Das Objectiv sollte eine klare, spezifische und inspirierende Aussage sein, die das gewünschte Ergebnis oder den gewünschten Zustand beschreibt, den du erreichen möchtest. Stelle sicher, dass das Objectiv herausfordernd, aber auch erreichbar ist. Es sollte motivierend sein und dein Team dazu inspirieren, es anzustreben.

Setze auf messbare Key Results - Key Results sind messbare Kriterien, die den Fortschritt auf dem Weg zum Objectiv überwachen. Sie sollten spezifisch, quantifizierbar und zeitlich definiert sein. Stelle sicher, dass deine Key Results spezifisch sind und klare Mess- oder Kennzahlen beinhalten, anhand derer der Fortschritt gemessen werden kann.

Verbinde deine Objectives mit übergeordneten Zielen - Eine enge Verbindung zwischen dem Objectiv und den Unternehmenszielen ist entscheidend, um sicherzustellen, dass die Bemühungen zur Gesamtstrategie beitragen. Stelle auch sicher, dass das Objectiv einen Mehrwert für das Unternehmen schafft und mit anderen Projekten und Initiativen in Einklang steht.

Kommunizieren und teilen deine Ziele: Transparenz ist ein

wichtiger Aspekt von OKR. Teile deine Objectives und Key Results mit den Teammitgliedern und anderen relevanten Stakeholdern. Dadurch schaffst du Klarheit und Unterstützung bei der Zusammenarbeit und das Engagement aller Beteiligten.

Schauen wir uns zum Abschluß mal ein Beispiel aus dem Marketing für Social Media des fiktiven Unternehmens FashionHub an.

Objectiv
Steigerung der Social Media Engagement-Rate um 20% innerhalb von drei Monaten

Key Results
- Erhöhung der Anzahl der Follower um 15%
- Steigerung der Interaktionsrate pro Post um 25%
- Durchführung von Social Media Influencer-Kooperationen mit mmonatlich zwei relevanten Influencern

Um das Objectiv der Steigerung der Social Media Engagement-Rate um 20% innerhalb von drei Monaten zu erreichen, entwickelt das Unternehmen FashionHub konkrete Key Results.

Das erste Key Result befasst sich mit der Erhöhung der Anzahl der Follower um 15%. FashionHub wird gezielte Werbekampagnen durchführen, um die Sichtbarkeit und Reichweite zu erhöhen. Es wird auch Anreize für bestehende Follower schaffen, um deren Engagement zu fördern und organischen Wachstum zu erreichen.

Das zweite Key Result zielt darauf ab, die Interaktionsrate pro Post um 25% zu steigern. FashionHub wird den Content-Plan überprüfen und hochwertige Inhalte erstellen, die die Zielgruppe ansprechen und zum Engagement anregen. Es wird engagierende Fragen stellen, Anfragen nach Feedback stellen und Benutzerinteraktionen fördern, um die Interaktionsrate zu steigern.

Das dritte Key Result beinhaltet die Durchführung von Social Media Influencer-Kooperationen mit monatlich zwei relevanten Influencern. FashionHub wird geeignete Influencer identifizieren, die eine hohe Reichweite und eine aktive Anhängerschaft in der Zielgruppe haben. Durch die Zusammenarbeit mit Influencern wird das Unternehmen seine Sichtbarkeit erhöhen und das Engagement der Zielgruppe steigern.

FashionHub wird den Fortschritt der verschiedenen Key Results überwachen, um sicherzustellen, dass sie auf dem richtigen Weg sind. Es wird regelmäßige Datenanalysen durchführen, um Trends und Muster im Engagement der Zielgruppe zu identifizieren. Auf dieser Grundlage wird das Unternehmen Anpassungen an seiner Social-Media-Strategie vornehmen, um die gewünschten Ergebnisse zu erzielen.

Die Nutzung von Social-Media-Analysetools wird FashionHub helfen, wichtige Metriken wie Follower-Wachstum, Interaktionsrate und Reichweite zu verfolgen. Diese Erkenntnisse werden verwendet, um den Erfolg von Kampagnen zu bewerten und zu verstehen, welche Inhalte und Ansätze das Engagement der Zielgruppe am besten fördern.

Darüber hinaus wird FashionHub kontinuierlich testen und optimieren, um die Wirksamkeit seiner Social-Media-Maßnahmen zu verbessern. A/B-Tests können durchgeführt werden, um verschiedene Inhalte, Anzeigenformate oder Slogan-Varianten zu vergleichen und diejenigen zu identifizieren, die das größte Engagement erzeugen.

Ein weiterer wichtiger Aspekt ist das Eingehen von Feedback von der Zielgruppe. FashionHub wird auf Kommentare, Nachrichten und Meinungen der Follower reagieren und diese nutzen, um seine Strategie anzupassen und relevante Inhalte zu liefern, die das Engagement steigern.

In regelmäßigen Meetings und Überprüfungsrunden wird das Team von FashionHub den Fortschritt besprechen, Herausforderungen identifizieren und Lösungen erarbeiten. Durch einen kontinuierlichen Lernprozess und eine offene Kommunikation wird das Unternehmen in der Lage sein, seine Social-Media-Strategie anzupassen und das Objectiv der Steigerung der Engagement-Rate erfolgreich zu erreichen.
Die Steigerung des Engagements auf Social Media bringt nicht nur eine erhöhte Sichtbarkeit und Reichweite mit sich, sondern auch eine stärkere Bindung der Zielgruppe an das Unternehmen und die Möglichkeit, eine loyale Kundenbasis aufzubauen. Mit der richtigen Strategie und einem datengesteuerten Ansatz wird FashionHub in der Lage sein, das Objectiv der Steigerung der Social Media Engagement-Rate erfolgreich zu erreichen.

Eine erhöhte Sichtbarkeit und Reichweite auf Social Media ermöglichen es FashionHub, potenzielle Kunden anzusprechen und die Marke bekannter zu machen. Durch ansprechende Inhalte und regelmäßige Interaktionen mit der Zielgruppe kann das Unternehmen Vertrauen und Glaubwürdigkeit aufbauen. Dies wiederum fördert die Bindung der Kunden an die Marke und schafft die Grundlage für langfristige Kundenbeziehungen. Engagement auf Social Media geht jedoch über Likes und Kommentare hinaus. Eine aktive und engagierte Community ermöglicht FashionHub auch wertvolles Feedback von Kunden zu erhalten. Dieses Feedback kann zur Verbesserung von Produkten und Services genutzt werden, was wiederum die Kundenzufriedenheit steigert und zu positiven Empfehlungen führt. Eine loyale Kundenbasis ist von unschätzbarem Wert für jedes Unternehmen. Loyalität bedeutet, dass Kunden wiederholt bei FashionHub kaufen und die Marke aktiv unterstützen. Durch kontinuierliche Interaktionen auf Social Media kann das Unternehmen eine emotionale Verbindung zu seinen Kunden aufbauen und diese zur Markenloyalität motivieren.

Durch die Implementierung einer datengesteuerten Strategie kann FashionHub den Erfolg seiner Social Media Aktivitäten objektiv messen und optimieren. Die Auswertung von Kennzahlen wie Engagement-Rate, Follower-Wachstum und Interaktionsrate ermöglicht es dem Unternehmen, den Erfolg einzelner Kampagnen und Inhalte zu bewerten und in Echtzeit Anpassungen vorzunehmen.

Insgesamt bietet Social Media eine wertvolle Plattform, um das Objectiv der Steigerung der Social Media Engagement-Rate zu erreichen. Durch eine zielgerichtete Strategie, regelmäßige Überprüfung des Fortschritts und kontinuierliches Feedback von der Zielgruppe wird FashionHub in der Lage sein, das Engagement auf Social Media zu steigern und langfristige Geschäftsergebnisse zu erzielen.

OKR Set

Ein OKR-Set besteht aus mehreren Bestandteilen, die zusammenarbeiten, um die Ziele und Ergebnisse im Rahmen des OKR-Frameworks zu definieren und zu verfolgen. Es umfasst mehrere Objectives (Ziel) und mehrere Key Results (Schlüsselergebnisse) pro Objective und wird einer spezifischen OKR-Einheit wie einem Bereich, einer Abteilung oder einem Team zugeordnet.

Jedes OKR-Set, also die Sammlung mehrerer Objectives mit den zugehörigen Key Results, wird einer bestimmten OKR-Einheit zugeordnet, die je nach Organisationsstruktur variieren kann. Es kann sich um einen Bereich, eine Abteilung, ein Team oder sogar in ausnahmefälle einzelne Mitarbeiter handeln. Das OKR-Set einer Einheit sollte sich auf deren Verantwortlichkeiten, Kompetenzen und Beiträge konzentrieren. Es hilft, den Fokus und die Ausrichtung innerhalb der Einheit zu schärfen und sicherzustellen, dass die Ziele aufeinander abgestimmt sind.

Ein wesentliches Merkmal eines OKR-Sets ist die Verknüpfung mit den übergeordneten Zielen der Organisation. Die Objectives und Key Results sollten sich direkt auf die Vision, Mission oder strategische Ausrichtung beziehen und deren Umsetzung unterstützen. Dies gewährleistet eine kaskadierende Ausrichtung, bei der die Ziele von oben nach unten durch die Organisation fließen.

Indem diese Bestandteile im OKR-Set zusammengeführt werden, entsteht ein klarer Rahmen für die Definition, Verfolgung und Erreichung von Zielen und Ergebnissen im OKR-Framework.

Objectives

Ein Objective (Ziel) ist ein zentraler Bestandteil des OKR-Frameworks (Objectives and Key Results) und beschreibt das gewünschte Ergebnis, das eine Organisation, ein Team oder eine Einzelperson erreichen möchte. Ein Objective sollte inspirierend, anspruchsvoll und zugleich erreichbar sein. Es dient dazu, die Richtung und den Fokus der Bemühungen festzulegen und eine klare Ausrichtung auf strategische Ziele zu ermöglichen.

Bei der Formulierung eines Objectives gibt es einige bewährte Ansätze, die helfen können, ein klares und aussagekräftiges Ziel zu definieren:

Inspirierend - Ein Objective sollte motivierend und inspirierend sein. Es sollte das Team oder die Mitarbeiter dazu anspornen, sich dafür einzusetzen und ihr Bestes zu geben. Es sollte eine emotionale Reaktion hervorrufen und den Sinn und Zweck der Bemühungen verdeutlichen.

Prägnant - Ein Objective sollte klar und präzise formuliert sein, um Missverständnisse zu vermeiden und eine klare Kommunikation zu ermöglichen. Es sollte in wenigen Worten beschreiben, was erreicht werden soll.

Messbarkeit - Obwohl die Messbarkeit eher den Key Results zugeschrieben wird, ist es dennoch wichtig, dass ein Objective eine gewisse Messbarkeit aufweist. Es sollte möglich sein, den Fortschritt in Bezug auf das Ziel zu quantifizieren oder zumindest zu beurteilen, ob es erreicht wurde oder nicht.

Ausrichtung - Ein Objective sollte eng mit der übergeordneten Vision, Mission oder strategischen Ausrichtung der Organisation verbunden sein. Es sollte zeigen, wie das Ziel dazu beiträgt, die langfristigen Ziele der Organisation zu erreichen.

Zeitrahmen - Ein Objective sollte eine zeitliche Begrenzung haben, um den Fokus und die Dringlichkeit zu erhöhen. Es sollte angeben, bis wann das Ziel erreicht werden soll. Der Zeitrahmen kann je nach Kontext und Ziel unterschiedlich sein, z. B. quartalsweise, halbjährlich oder jährlich.

Hier ist ein Beispiel für ein gut formuliertes Objective:
„Steigerung der Kundenzufriedenheit durch einen beeindruckenden Kundenservice mit schnelleren Reaktionszeiten."

Dieses Objective erfüllt die oben genannten Kriterien, da es inspirierend ist, den Fokus auf die Kundenzufriedenheit legt, mit der übergeordneten Vision der Organisation (Exzellenz im Kundenservice) zusammenhängt und einen klaren Zeitrahmen setzt (bis zum Ende des Zyklus).

Es ist wichtig zu beachten, dass die Formulierung eines Objectives ein iterativer Prozess sein kann. Es erfordert möglicherweise mehrere Iterationen, um das Ziel klar und aussagekräftig zu formulieren. Es ist auch ratsam, das Objective mit anderen Teammitgliedern oder Stakeholdern zu besprechen, um sicherzustellen, dass alle ein gemeinsames Verständnis und Engagement für das Ziel haben.

Key Results

Ein Key Result (Schlüsselergebnis) ist ein messbarer Indikator, der den Fortschritt in Richtung eines bestimmten Objectives (Ziels) im OKR-Framework darstellt. Es dient als konkrete Zielsetzung, anhand derer der Erfolg gemessen werden kann. Die Arbeit mit einem Key Result umfasst die Evaluation, die Formulierung und die aktive Umsetzung.

Die Evaluation eines Key Results beinhaltet die regelmäßige Überprüfung und Bewertung des Fortschritts. Dabei ist es entscheidend, dass das Key Result messbar ist, um den Fortschritt quantitativ zu erfassen. Dies kann durch das Sammeln und Analysieren von Daten, die Durchführung von Messungen oder die Bewertung von erreichten Meilensteinen geschehen. Die Evaluation sollte in regelmäßigen Abständen erfolgen, um den aktuellen Stand zu überprüfen und gegebenenfalls Anpassungen vorzunehmen.

Bei der Formulierung eines Key Results sollten mehrere Faktoren berücksichtigt werden. Es sollte spezifisch und klar definiert sein, um Missverständnisse zu vermeiden. Gleichzeitig sollte es messbar sein, um den Fortschritt objektiv bewerten zu können. Ein Key Result sollte herausfordernd sein, um ein angemessenes Leistungsniveau zu fördern, aber gleichzeitig erreichbar und realistisch bleiben. Es sollte außerdem einen direkten Beitrag zur Erreichung des zugrunde liegenden Objectives leisten. Die Festlegung eines Zeitrahmens ist ebenfalls wichtig, um einen klaren Handlungsrahmen zu schaffen und den Fortschritt im Zeitverlauf zu verfolgen.

Die Arbeit mit einem Key Result erfordert klare Verantwortlichkeiten und Zuständigkeiten. Es sollte deutlich sein, wer für das Erreichen des Key Results verantwortlich ist und welche Maßnahmen ergriffen werden müssen. Es ist wichtig, regelmäßige Überprüfungen und Aktualisierungen vorzunehmen. Hierbei können Zwischenziele und Meilensteine definiert werden, um den Fortschritt auf dem Weg zum Key Result zu messen. Bei Bedarf können Anpassungen vorgenommen werden, um sicherzustellen, dass das Key Result erreicht wird. Die Zusammenarbeit und Kommunikation mit anderen Teammitgliedern oder Stakeholdern ist dabei essenziell, um Hindernisse zu identifizieren und Lösungen zu finden.

Ein Beispiel für ein Key Result könnte sein:
„Erhöhung der Conversion-Rate der Website um 5% wöchentlich."

Dieses Key Result ist spezifisch, messbar (5% Steigerung der Conversion-Rate jede Woche im Zyklus), relevant zum erreichen des Objectives und hat einen klaren Zeitrahmen.

Indem Key Results evaluiert, formuliert und aktiv umgesetzt werden, wird die Fokussierung auf die Ziele im OKR-Framework verstärkt. Es ermöglicht die Messung des Fortschritts, die Identifizierung von Verbesserungsmöglichkeiten und die Anpassung der Strategien, um die gewünschten Ergebnisse zu erzielen. Die kontinuierliche Arbeit mit Key Results trägt dazu bei, dass die OKR-Einheit ihre Ziele effektiv verfolgen und erfolgreich umsetzen kann.

Zyklus

Das OKR-Framework (Objectives and Key Results) folgt einem zyklischen Prozess, der es Organisationen und Teams ermöglicht, ihre Ziele effektiv zu setzen, zu verfolgen und anzupassen. Dieser Zyklus wird in der Regel quartalsweise durchgeführt und besteht aus mehreren aufeinanderfolgenden Schritten.

Der Zyklus beginnt mit der Festlegung der Objectives (Ziele) und Key Results (Schlüsselergebnisse) für das kommende Quartal. Dabei werden die übergeordneten Ziele der Organisation heruntergebrochen und in konkrete Ziele und messbare Ergebnisse umgewandelt. Dies geschieht in Zusammenarbeit zwischen den einzelnen Teams oder Abteilungen und ihren Vorgesetzten. Die Ziele sollten inspirierend, herausfordernd und zugleich erreichbar sein, während die Key Results den Fortschritt quantifizieren und den Erfolg messbar machen.

Sobald die Objectives und Key Results festgelegt sind, beginnt die Umsetzungsphase. Die Teams arbeiten aktiv daran, die Ziele zu erreichen, indem sie konkrete Maßnahmen ergreifen und Aufgaben angehen, um die definierten Ergebnisse zu erzielen. Während dieser Phase wird der Fortschritt kontinuierlich überwacht und dokumentiert. Regelmäßige Meetings und Abstimmungen finden statt, um den Status der Key Results zu besprechen, Herausforderungen anzugehen und ggf. Anpassungen vorzunehmen, um sicherzustellen, dass die Ziele auf Kurs bleiben.

Am Ende des Quartals erfolgt die Evaluation der erreichten Fortschritte. Die Key Results werden bewertet und mit den zuvor festgelegten Zielvorgaben verglichen. Dies ermöglicht eine objektive Einschätzung des Erfolgs und identifiziert Bereiche, in denen Verbesserungen erforderlich sind. Während der Evaluationsphase werden auch Erkenntnisse und Erfahrungen ausgewertet, um zukünftige Zyklen zu informieren und das Lernen innerhalb der Organisation zu fördern.

Aufgrund der Quartalszyklen konzentriert sich das OKR-Framework in der Regel auf einen Zeitraum von drei Monaten. Dies hat mehrere Gründe. Erstens bietet es eine ausreichende Zeitspanne, um Fortschritte zu erzielen und Ziele zu erreichen, während es dennoch eine hohe Agilität ermöglicht. Ein Quartal ist eine überschaubare und fokussierte Zeitspanne, die es ermöglicht, den Fortschritt zu messen und den Kurs bei Bedarf anzupassen.

Zweitens ermöglicht die dreimonatige Fokussierung eine regelmäßige Aktualisierung und Anpassung der Ziele. Durch die kurzen Zykluszeiten können neue Erkenntnisse, Änderungen der Marktbedingungen oder sich ändernde Prioritäten schnell berücksichtigt werden. Es ermöglicht eine hohe Flexibilität und Agilität in einer sich schnell verändernden Umgebung.

Darüber hinaus bietet die Quartalsfokussierung den Teams eine klare zeitliche Struktur und schafft einen regelmäßigen Rhythmus, um die Ziele zu überprüfen und kontinuierlich daran zu arbeiten. Dies fördert die Disziplin, die Fokussierung auf zentrale Themen und die Transparenz innerhalb der Organisation.

Insgesamt bietet der Zyklus im OKR-Framework mit seiner dreimonatigen Fokussierung eine klare Struktur, um Ziele zu setzen, Fortschritt zu verfolgen und Anpassungen vorzunehmen. Durch die regelmäßigen Quartalszyklen wird eine kontinuierliche Verbesserung und Anpassung ermöglicht, während gleichzeitig Flexibilität und Agilität gewährleistet werden.

Events

Das OKR Planning

Ein OKR-Planning ist ein strukturiertes Event im OKR-Framework, bei dem Teams oder Einheiten ihre Objectives (Ziele) und Key Results (Schlüsselergebnisse) für einen bestimmten Zeitraum festlegen. Ein OKR-Planning ist ein iterativer Prozess, der regelmäßig durchgeführt wird, um den Fokus und die Ausrichtung in der Organisation aufrechtzuerhalten. Es bietet die Möglichkeit, Ziele zu setzen, den Fortschritt zu überwachen und den Erfolg kontinuierlich zu verbessern.

Das OKR Weekly

Das OKR Weekly ist ein wiederkehrendes Event, das sicherstellt, dass der Erfüllungsgrad der Key Results regelmäßig überprüft wird. Es ermöglicht eine schnelle Reaktion auf Herausforderungen, eine Anpassung der Ziele und eine kontinuierliche Verbesserung des Fortschritts. Durch die enge Zusammenarbeit und Kommunikation im OKR Weekly wird sichergestellt, dass das Team oder die Einheit auf Kurs bleibt und die gewünschten Ergebnisse erreicht.

Das OKR Review

Das OKR Review ist ein wichtiger Meilenstein im OKR-Framework, der eine umfassende Bewertung des Erfolgs der

Objectives ermöglicht. Es bietet Raum für Reflexion, Lernen und Verbesserungen und trägt dazu bei, den kontinuierlichen Fortschritt und die Ausrichtung auf die übergeordneten Ziele zu fördern. Durch das OKR Review wird der Erfolg sichtbar gemacht und dient als Grundlage für die weitere Planung und Umsetzung.

Die OKR Retrospektive

Die OKR-Retrospektive ist ein wertvolles Instrument, um aus vergangenen Erfahrungen zu lernen und den OKR-Prozess kontinuierlich zu verbessern. Sie ermöglicht es dem Team, Erfolge zu feiern, Herausforderungen anzugehen und gemeinsam an einer kontinuierlichen Weiterentwicklung zu arbeiten. Durch die Reflexion und Identifizierung von Verbesserungspotenzialen wird der OKR-Zyklus iterativ optimiert und die Erfolgsaussichten erhöht.

Teil III

Personal OKR

Personal OKR

In der heutigen schnelllebigen Welt ist es wichtiger denn je, unsere persönlichen Ziele und Ambitionen zu definieren und zu verfolgen. Dabei kann uns das bewährte OKR-Framework (Objectives and Key Results) auch im privaten Bereich unterstützen. OKR, das ursprünglich in der Geschäftswelt Anwendung fand, bietet uns eine klare Struktur und Fokussierung, um unsere Träume und Wünsche zu verwirklichen. In diesem Abschnitt betrachten wir die Anwendung von OKR im privaten persönlichen Umfeld und erkennen gleichzeitig die Herausforderungen an, die damit einhergehen. Also dein Personal OKR.

Es ist wichtig anzuerkennen, dass die Übertragung des OKR-Ansatzes auf unser persönliches Leben einige Besonderheiten mit sich bringt. Im Gegensatz zu Unternehmen, in denen oft ein 3-Monats-Zyklus für die Zielsetzung verwendet wird, kann im privaten Bereich nicht immer ein solcher Zeitrahmen sinnvoll sein. Unsere persönlichen Ziele können unterschiedliche Zeitrahmen erfordern, je nachdem, um welche Art von Vorhaben es sich handelt. Während es bei einigen Zielen angemessen sein kann, einen monatlichen oder vierteljährlichen Zyklus zu verwenden, können andere Ziele langfristiger Natur sein und sogar halbjährigen Zeitrahmen erfordern.

Ein weiterer wichtiger Aspekt ist die begrenzte Zeit, die wir im privaten Bereich zur Verfügung haben. Im Gegensatz zu Unternehmen, in denen ganze Teams daran arbeiten können, eine Vielzahl von Objectives zu verfolgen, sind wir als Einzelpersonen möglicherweise eingeschränkt in Bezug auf die verfügbare

Zeit und Ressourcen. Daher sollten wir uns bewusst sein, dass wir nicht zu viele Objectives gleichzeitig verfolgen sollten, um eine Überforderung zu vermeiden.

Trotz dieser Herausforderungen bietet OKR eine strukturierte Methode, um unsere persönlichen Ziele effektiv zu definieren und zu verfolgen. Indem wir unsere Ziele in konkrete Objectives umwandeln und diese mit messbaren Key Results verknüpfen, schaffen wir eine klare Roadmap für unseren individuellen Erfolg.

Es ist wichtig, dass wir bei der Festlegung unserer Objectives realistisch und fokussiert bleiben. Indem wir uns auf eine überschaubare Anzahl von Zielen konzentrieren, können wir sicherstellen, dass wir unsere begrenzte Zeit und Energie effizient nutzen. Hierbei kann es hilfreich sein, regelmäßige Überprüfungen durchzuführen und gegebenenfalls Anpassungen vorzunehmen, um sicherzustellen, dass wir auf dem richtigen Weg bleiben.

Abschließend können wir festhalten, dass OKR auch im persönlichen Umfeld ein wirksames Instrument sein kann, um unsere Ziele zu erreichen. Indem wir die Herausforderungen berücksichtigen und das Framework entsprechend anpassen, können wir unseren individuellen Erfolg maximieren und unsere Träume in die Realität umsetzen. Sei mutig und nutze die Vorteile von OKR, um das Beste aus deinem privaten Leben herauszuholen.

Anwendungsfelder

Persönliches Wachstum und die Bedeutung von OKR

In der heutigen schnelllebigen Welt ist persönliches Wachstum von entscheidender Bedeutung, um erfolgreich und erfüllt zu sein. Es geht darum, kontinuierlich an uns selbst zu arbeiten, um unser volles Potenzial auszuschöpfen. Ein effektives Instrument, das uns dabei unterstützt, sind die Personal OKR.

Persönliches Wachstum beinhaltet die kontinuierliche Weiterentwicklung unserer Fähigkeiten, Kenntnisse und Perspektiven. Es geht darum, bewusst Ziele zu setzen und hart daran zu arbeiten, sie zu erreichen. Es betrifft verschiedene Aspekte unseres Lebens wie Karriere, Beziehungen, Gesundheit und persönliche Reflexion.

Doch wie genau kann Personal OKR beim persönlichen Wachstum helfen?

 Der größte Vorteil von Personal OKR liegt darin, dass sie uns dabei helfen, unsere Ziele präzise zu definieren und unsere Prioritäten zu setzen.

Indem wir uns bewusst werden, was wir erreichen wollen und welche Schritte erforderlich sind, können wir unseren Fokus und unsere Motivation stärken. Das Setzen persönlicher Ziele und die Festlegung konkreter Maßnahmen geben uns eine klare Richtung für unser persönliches Wachstum.

Ein weiterer Nutzen besteht darin, dass Personal OKR kontinuierliche Verbesserung fördern. Persönliches Wachstum erfordert kontinuierliche Anstrengung und Reflexion. Durch die Verwendung von Personal OKR können wir unseren Fortschritt messen und regelmäßiges Feedback erhalten. Dies hilft uns, unsere Bereiche zur Entwicklung zu identifizieren und gezielt daran zu arbeiten, uns kontinuierlich zu verbessern. Wir können unsere Erfolge feiern und aus Fehlern lernen, um weiter zu wachsen.

Personal OKR bieten auch Flexibilität und Anpassungsfähigkeit. In einer sich schnell verändernden Welt müssen wir in der Lage sein, uns anzupassen. Personal OKR ermöglichen es uns, auf neue Herausforderungen und Chancen zu reagieren, indem wir unsere Ziele anpassen und neue Wege zur persönlichen Entwicklung erkunden. Wir bleiben agil und können den Veränderungen aktiv begegnen.

Darüber hinaus basiert Personal OKR auf messbaren Ergebnissen. Dies ermöglicht es uns, unseren Fortschritt objektiv zu bewerten und unsere Leistung zu verfolgen. Indem wir unsere Ziele konkret und messbar machen, wird unser persönliches Wachstum greifbar und nachvollziehbar. Wir können sehen, wie weit wir gekommen sind und welche Schritte wir unternehmen müssen, um unsere Ziele zu erreichen.

Die Verbindung von persönlichem Wachstum und Personal OKR ist eine kraftvolle Strategie, um unser volles Potenzial zu entfalten. Durch das Setzen klarer Ziele, kontinuierliches Lernen und die Anpassung an neue Herausforderungen können wir unser persönliches Wachstum vorantreiben und zu einer besseren Version unserer selbst werden. Persönliches Wachstum ist ein lebenslanger Prozess, der uns dabei unterstützt, unsere Stärken auszubauen und unsere Ziele zu erreichen. Personal OKR bietet uns eine strukturierte und messbare Methode, um diesen Prozess zu unterstützen und erfolgreich voranzukommen.

Persönliches Lernen und Personal OKR: Die perfekte Kombination für kontinuierliche Weiterentwicklung

Persönliches Lernen ist von großer Bedeutung für unsere persönliche Entwicklung und unseren Erfolg. Es geht darum, aktiv nach Möglichkeiten zu suchen, um neues Wissen zu erwerben, Fähigkeiten zu erweitern und unsere Denkweisen weiterzuentwickeln. In diesem Prozess kann die Verbindung zwischen persönlichem Lernen und Personal Objectives and Key Results (OKR) äußerst hilfreich sein.

Personal OKR bieten eine sinnvolle Ergänzung zum persönlichen Lernen aus verschiedenen Gründen. Zunächst einmal ermöglichen sie uns, Klarheit und Fokus in unserem Lernprozess zu schaffen. Indem wir unsere Lernziele klar definieren und Prioritäten setzen, wissen wir genau, worauf wir uns konzentrieren möchten und warum es für unsere persönliche Entwicklung wichtig ist. Dies hilft uns, unsere begrenzte Zeit und Energie effizient zu nutzen und uns auf die wirklich wichtigen Aspekte zu fokussieren.

Ein weiterer Vorteil von Personal OKR besteht darin, dass sie uns ermöglichen, unseren Lernfortschritt zu messen. Indem wir messbare Ergebnisse und Meilensteine festlegen, können wir unseren Fortschritt objektiv beurteilen. Wir können sehen, wie weit wir gekommen sind und welche Bereiche noch weiterentwickelt werden müssen. Die Möglichkeit, unseren Fortschritt zu verfolgen, motiviert uns und gibt uns ein Gefühl der Erfüllung, wenn wir unsere Lernziele erreichen.

Darüber hinaus bieten Personal OKR Flexibilität und Anpassungsfähigkeit in unserem Lernprozess. Lernen ist ein dynamischer Prozess, und manchmal müssen wir unsere Ziele oder Herangehensweisen anpassen. Personal OKR ermöglichen es uns, flexibel auf neue Herausforderungen oder Chancen zu reagieren und unsere Lernziele und -strategien entsprechend anzupassen. Auf diese Weise bleiben wir agil und können sicherstellen, dass unser Lernprozess stets relevant und effektiv bleibt.

Die Verbindung von persönlichem Lernen und Personal OKR bietet uns eine wirksame Methode, um unser Lernpotenzial voll auszuschöpfen. Indem wir unsere Ziele klar definieren, unseren Fortschritt messen und unsere Lernstrategien anpassen, können wir unsere persönliche Entwicklung gezielt vorantreiben. Persönliches Lernen ist ein kontinuierlicher Prozess, der uns dabei unterstützt, unsere Fähigkeiten zu erweitern und unser Wissen zu vertiefen. Mit Personal OKR erhalten wir eine strukturierte Herangehensweise, um diesen Prozess zu unterstützen und erfolgreich voranzuschreiten.

Rahmenbedinungen

Durch den Einsatz von Personal OKR können veränderte Rahmenbedingungen bei der Zielsetzung gut gemeistert werden.

Gerade im privaten und persönlichen Umfeld ist Zeit oft eine knappe Ressource. Die Anforderungen des Alltags, persönliche Verpflichtungen und verschiedene Projekte erfordern eine effiziente Nutzung der begrenzten Zeit. Genau diese Rahmenbedingung berücksichtigen wir besonders bei der Nutzung von Personal OKR ins Spiel. Indem man sich auf maximal zwei Objectives konzentriert, kann man seine Energie und Ressourcen auf die wichtigsten Ziele lenken und somit die Chancen auf Erfolg erhöhen. Es ermöglicht eine gezielte Priorisierung und verhindert, dass man sich in zu viele unterschiedliche Richtungen verzettelt.

Fokussierung
Ein weiterer Aspekt, der den besonderen Einsatz von Personal OKR im persönlichen Bereich prägt, ist die Überdenkung des Zyklus oder der Laufzeit. Im Vergleich zur Geschäftswelt, in der langfristige Ziele oft eine größere Rolle spielen, können im privaten und persönlichen Umfeld langfristige Ziele schwer vorhersehbar sein. Das Leben ist dynamisch und unterliegt ständigen Veränderungen, sei es durch neue Lebensumstände, Interessen oder Prioritäten. Aus diesem Grund ist es sinnvoll, den Zyklus der OKR zu überdenken und flexibler zu gestalten. Eine verkürzte Laufzeit der OKR bietet den Vorteil, dass regelmäßig der Fortschritt überprüft und die Ziele entsprechend angepasst werden können. Dies ermöglicht eine flexible Reaktion

auf Veränderungen und aktuelle Umstände. Wenn sich neue Prioritäten ergeben oder sich das Lebensumfeld verändert, können die OKR an die neuen Gegebenheiten angepasst werden, um sicherzustellen, dass sie weiterhin relevant und erreichbar sind.

Die Flexibilität im Zyklus der OKR ermöglicht es den Menschen, agil zu bleiben und ihre Ziele an ihre sich ändernden Bedürfnisse anzupassen. Es verhindert, dass man starr an veralteten Zielen festhält, die möglicherweise nicht mehr den persönlichen Wünschen und Zielen entsprechen. Stattdessen bietet die Möglichkeit, den Zyklus regelmäßig zu überprüfen und die Ziele anzupassen, eine größere Freiheit und Flexibilität bei der Gestaltung des eigenen Fortschritts.

Die Anpassungsfähigkeit des OKR-Zyklus ermöglicht es auch, neue Chancen und Entwicklungen zu nutzen. Wenn sich unerwartete Gelegenheiten ergeben oder sich neue Interessen und Leidenschaften entwickeln, kann man seine OKR entsprechend anpassen, um diese neuen Möglichkeiten zu verfolgen. Dies fördert das persönliche Wachstum und ermöglicht es den Menschen, sich kontinuierlich weiterzuentwickeln und neue Erfahrungen zu machen.

Die Überdenkung des Zyklus oder der Laufzeit der OKR im privaten und persönlichen Bereich bietet somit den Vorteil der Flexibilität. Durch regelmäßige Überprüfungen und Anpassungen der Ziele an die aktuellen Umstände und Bedürfnisse kann man sicherstellen, dass die OKR weiterhin relevante und motivierende Ziele darstellen. Dies ermöglicht eine agile Vorgehensweise und eröffnet neue Möglichkeiten für persönliches Wachstum, Entwicklung und Erfolg.

Im privaten und persönlichen Umfeld erfordert der Einsatz von OKR eine andere Herangehensweise als in der Geschäftswelt.

Statt einer langfristigen Vision wird ein Jahresziel als Orientierungspunkt betrachtet, um eine zielorientierte Ausrichtung zu schaffen.

Das Jahresziel dient als Leitfaden für die verschiedenen Objectives und ermöglicht Flexibilität, um Veränderungen im Laufe des Jahres anzupassen. Dadurch wird eine effektive Zielsetzung und Ausrichtung auf persönlichen Erfolg und Wachstum ermöglicht.

Der besondere Einsatz von Personal-OKR im privaten und persönlichen Bereich bietet somit eine praktische Methode, um die begrenzte Zeit effektiv zu nutzen, sich auf das Wesentliche zu konzentrieren und Ziele zu erreichen. Durch die Überdenkung des Zyklus oder der Laufzeit kann man flexibel auf Veränderungen reagieren und den persönlichen Umständen anpassen. Dabei steht nicht unbedingt eine langfristige Vision im Vordergrund, sondern ein jährliches Ziel, das als Leitfaden für den eigenen Fortschritt dient. Diese Herangehensweise ermöglicht eine bewusste Planung und Umsetzung, um persönliche Erfolge und Zufriedenheit zu fördern.

Das Vorgehen

„Wir starten unsere Reise zu unseren Träumen, indem wir sie wollen, aber wir erreichen sie, indem wir uns fokussieren, planen und lernen."

Christina Wodtke, Radical Focus: Achieving Your Most Important Goals with Objectives and Key Results.

Ein Kompass für persönliches Wachstum

Im Gegensatz zur Geschäftswelt, in der Unternehmen oft eine langfristige Vision als Leitbild haben, kann der private und persönliche Einsatz von OKR eine andere Herangehensweise erfordern. Statt einer festen Vision kann es sinnvoll sein, ein Jahresziel als Orientierungspunkt zu betrachten, der eine Zielbildzustand darstellt. Es bietet eine gute Orientierung für die verschiedenen Objectives und schafft eine zielorientierte Ausrichtung.

Ein Jahresziel dient als eine Art Kompass, der dabei hilft, die Richtung und den allgemeinen Rahmen für die persönliche Entwicklung und Erfüllung zu definieren. Es gibt eine klare Orientierung für das kommende Jahr und dient als Leitfaden, um verschiedene Objectives zu unterstützen und aufeinander abzustimmen. Es ermöglicht eine zielgerichtete Ausrichtung, indem es als Referenzpunkt dient, um sicherzustellen, dass die einzelnen Objectives in die gewünschte Gesamtrichtung führen.

Es ist wichtig zu betonen, dass das Jahresziel nicht als starres und endgültiges Ziel betrachtet werden sollte. Es repräsentiert eher einen Idealzustand oder eine angestrebte Vision, die im Laufe des Jahres angestrebt werden soll. Es bietet eine übergeordnete Perspektive, um die verschiedenen Objectives miteinander zu verknüpfen und sicherzustellen, dass sie in Einklang mit den persönlichen Zielen stehen. Das Jahresziel dient als Orientierungspunkt, der bei der Priorisierung der Objectives und der Entscheidungsfindung hilft.

Indem man ein Jahresziel als Orientierung betrachtet, schafft man eine klare zielorientierte Ausrichtung. Es hilft, den Fokus auf das Wesentliche zu legen und sicherzustellen, dass die einzelnen Objectives dazu beitragen, den gewünschten Zustand zu erreichen. Dabei bleibt Flexibilität wichtig, da sich die Umstände im Laufe des Jahres ändern können und Anpassungen erforderlich sein können, um die Ausrichtung auf das Jahresziel beizubehalten.

Der Einsatz von OKR im privaten und persönlichen Bereich, basierend auf einem Jahresziel als Orientierung, ermöglicht eine effektive Zielsetzung und Ausrichtung. Es fördert die zielorientierte Planung und unterstützt die Priorisierung der Objectives, um den gewünschten Zielbildzustand zu erreichen. Dabei sollte das Jahresziel als eine inspirierende Vision betrachtet werden, die den Rahmen für persönliches Wachstum und Erfolg bildet, während die einzelnen Objectives die Schritte darstellen, um dieses Ziel zu erreichen.

Objectives definieren für Erfolg und Fokus

In diesem Abschnitt werde ich erläutern, wie du ein aussagekräftiges und motivierendes Objective formulieren kannst und werde dir dazu einige inspirierende Beispiele geben.

Fokussierung – ein elementarer Bestandteil des Erfolgs. Dieses Konzept haben wir im Rahmen unserer Personal OKRs bereits mehrmals betont. Anders als im geschäftlichen Umfeld arbeite ich mit Personal OKRs nicht mit einem vorgefertigten Set von mehreren Zielen und ihren zugehörigen Ergebnissen. Stattdessen ist es meine Überzeugung, dass wir uns nicht mehr als zwei Ziele gleichzeitig vornehmen sollten.

Besonders im privaten Umfeld ist unsere verfügbare Zeit von unschätzbarem Wert und sollte daher äußerst bewusst eingesetzt werden. Aus diesem Grund empfehle ich, im Optimalfall ein OKR zu erarbeiten. Das bedeutet, dass du dein Ziel im Rahmen des vorgegebenen Frameworks formulierst und darauf hinarbeitest, diesen Zustand am Ende des Zyklus oder der Laufzeit zu erreichen. Konzentriere dich auf ein einziges Ziel! Falls es dennoch notwendig und sinnvoll erscheint, ein zweites Ziel zu verfolgen, möchte ich dir folgende Empfehlungen mit auf den Weg geben. Starte nicht gleichzeitig mit zwei Zielen. Dadurch verlierst du deinen Fokus und deine Priorität. Ein erfolgreicher Abschluss beider Ziele steht hier auf dem Spiel. Wenn du ein zweites Ziel definieren möchtest, dann beginne damit erst im letzten Drittel der Laufzeit deines aktuellen Ziels. Dies hat den Vorteil, dass du bereits einen erheblichen Fortschritt beim aktuellen Ziel erzielt hast und dieses nur noch zum

Abschluss gebracht werden muss. Das neue Ziel kann dann etwas sanfter starten und bereits an Fahrt aufnehmen.

 Nochmals als dringender Hinweis:
Verfolge niemals mehr als maximal zwei Ziele gleichzeitig.

Die Kunst der Fokussierung liegt darin, die Energie und Ressourcen auf das Wesentliche zu konzentrieren und dadurch den größtmöglichen Erfolg zu erzielen.

In einer Welt, die von Ablenkungen und Reizen überflutet ist, ist es eine wahrhaftige Herausforderung, den Fokus aufrechtzuerhalten. Doch genau hierin liegt der Schlüssel zur Effektivität und zur Erreichung unserer persönlichen Ziele. Lass dich nicht von der Versuchung des Multitaskings verführen, sondern lerne, dich auf das Wesentliche zu konzentrieren.

Fokussierung erfordert Disziplin, aber die Belohnungen sind von unschätzbarem Wert. Indem du dich auf ein einziges Ziel konzentrierst, schaffst du die Voraussetzungen für tiefgreifenden Fortschritt und bedeutungsvolle Ergebnisse. Du wirst feststellen, dass du mehr Energie, Klarheit und Effizienz besitzt, um das Ziel in Angriff zu nehmen und erfolgreich abzuschließen.

Die Essenz der Fokussierung liegt darin, dass wir uns selbst erlauben, Nein zu sagen. Nein zu den zahlreichen Verlockungen und Ablenkungen, die uns von unserem Weg abbringen wollen. Nur wenn wir uns auf das Wesentliche besinnen und uns bewusst für eine Sache entscheiden, können wir unser volles Potenzial entfalten und wahrhaftig bedeutsame Veränderungen bewirken.

Mein Rat an dich lautet also: Wähle mit Bedacht, kon zentriere dich mit Hingabe und erziele außergewöhnli che Ergebnisse.

Die Kunst der Fokussierung wird dein Wegweiser sein, um in einer Welt der ständigen Ablenkung dein volles Potenzial zu entfalten und deine persönlichen OKRs erfolgreich zu erreichen.

Ein gutes Objective im privaten Umfeld zu definieren, ist ein wichtiger Schritt auf dem Weg zur persönlichen Entwicklung und Zielerreichung.

Ein Objective im privaten Bereich sollte den Zustand beschreiben, den du am Ende deines definierten Zeitraums erreichen möchtest. Es ist wichtig, dass dein Objective herausfordernd, aber dennoch realistisch ist. Es sollte dich inspirieren, dich selbst zu übertreffen, aber gleichzeitig auch erreichbar sein, um Frustration zu vermeiden.

Hier sind einige Schritte, die dir bei der Definition eines guten Objectives helfen können:

Selbstreflexion - Nimm dir Zeit, um über deine Werte, Interessen und Leidenschaften nachzudenken. Was ist dir wirklich wichtig im Leben? Was möchtest du erreichen? Welche Bereiche möchtest du verbessern? Eine ehrliche Selbstreflexion ist der Schlüssel, um ein Objective zu finden, das mit deinen persönlichen Werten und Zielen in Einklang steht.

Emotionaler Anreiz - Dein Objective sollte eine emotionale Verbindung zu dir haben. Frage dich, warum dieses Ziel für dich wichtig ist und welchen emotionalen Anreiz es für dich bietet. Dies wird dir helfen, die erforderliche Motivation aufrechtzuerhalten, um Hindernisse zu überwinden und das Ziel zu erreichen.

Prioritäten setzen - Beachte, dass du dich auf ein einziges Objective fokussieren solltest, um den größten Erfolg zu erzielen. Priorisiere die Bereiche in deinem Leben und wähle dasjenige aus, das aktuell die größte Bedeutung für dich hat. Indem du dich auf ein Objective konzentrierst, verhinderst du die Zerstreuung deiner Energie und Ressourcen.

Nun möchte ich dir einige Beispiele für gut formulierte Objectives im privaten Umfeld geben, um dir eine Vorstellung davon zu vermitteln, wie du dein eigenes Objective definieren könntest:

Objective:
Meine neugewonnene Work-Life-Balance zaubert mir ein Lächeln ins Gesicht

Key Results:
- Reduzierung der Überstunden innerhalb der nächsten drei Monate wöchentlich um 5%
- Ausbau von regelmäßigen Pausen und Erholungszeiten während des Arbeitstages
- Investiere wöchentlich 2 Stunden in das erlernen von Entspannungstechniken

Objective:
Ich bin glücklich mit meiner neuen körperlichen Fitness

Key Results:
- Investiere in der Woche 3 Stunden in Cardio Training

- Trainiere einmal wöchentlich nach einem Trainingsplan mit Eigenkörpergewicht
- Lerne wöchentlich eine Stunde zum Thema gesunde Ernährung

Objective:
Ich habe meine persönlichen kreativen Fähigkeiten auf ein neues Level gebracht.

Key Results:
- Lerne jede Woche ein Kapitel aus dem Videokurs „Künstlerische Fotografie"
- Test jede Woche eine andere Art von Kreativiät
- Lese jede Woche ein neuen Artikel über kreative Persönlichkeiten

Diese Beispiele verdeutlichen, wie ein Objective formuliert werden kann, um eine klare Richtung für das persönliche Wachstum zu geben. Denke daran, dass die Auswahl und Formulierung deines Objectives ein individueller Prozess ist und auf deine eigenen Werte und Ziele abgestimmt sein sollte.

Indem du dir die Zeit nimmst, dein Objective sorgfältig zu definieren, wirst du den Fokus schärfen, die Motivation steigern und den Weg zu persönlichem Erfolg und Erfüllung ebnen. Sei mutig, wähle weise und lass dein Objective zu einem Kompass werden, der dich auf deiner persönlichen Reise leitet.

Die Bedeutung von Zyklus und Laufzeit

Bevor wir uns mit dem Thema Key Results auseinandersetzen, ist es wichtig, das Konzept des Zyklus bzw. der Laufzeit im Personal OKR zu verstehen. Es besteht eine bedeutende Abhängigkeit zwischen Zyklus/Laufzeit und Key Results. In diesem Kapitel werden wir genauer darauf eingehen.

Im geschäftlichen Umfeld wird der Einsatz von OKR immer mit einem festgelegten Zyklus verbunden. Üblicherweise werden drei Monate zwischen der Definition des OKR und dem Erreichen der Ziele festgelegt. Dieser Zeitrahmen ermöglicht eine angemessene Planung, Umsetzung und Bewertung der Key Results.

Im privaten Umfeld hingegen ist es aus meiner Erfahrung sinnvoller, einen variablen Zyklus für jedes OKR zu nutzen. In diesem Fall spreche ich lieber von Laufzeit. Nicht jedes Ziel benötigt zwingend drei Monate. Einige Ziele können bereits innerhalb von 1-2 Monaten erreicht werden, während andere eher sechs Monate in Anspruch nehmen. Diese Unterschiede sind im privaten Kontext wichtig zu berücksichtigen, da Objectives hier individueller sind und seltener im Team bearbeitet werden. In den letzten anderthalb Jahren habe ich viel experimentiert und festgestellt, dass vier Laufzeiten für OKRs im persönlichen Umfeld gut funktionieren.

Basierend auf meiner Erfahrung haben sich Laufzeiten von einem Monat, zwei Monaten, drei Monaten oder sechs Monaten bewährt. Bei mir befinden sich die meisten OKRs zwischen zwei und drei Monaten.

Ein Objective mit einer Laufzeit von weniger als einem Monat sollte besser als Projekt betrachtet und entsprechend bearbeitet werden. Hierbei empfehle ich gerne die Verwendung von Jim Bensons Personal Kanban. Dies ist eine adaptive Methode aus dem Kanban-Ansatz, die sich für den persönlichen Einsatz eignet.

Manche Objectives erfordern hingegen eine Laufzeit von mehr als drei Monaten. In solchen Fällen empfehle ich, ausschließlich mit einer Laufzeit von sechs Monaten zu arbeiten. Sechs Monate mögen zwar eine lange Zeitspanne sein und die Fokussierung erschweren, aber für bestimmte Zielsetzungen kann es notwendig sein.

Ein persönliches Beispiel, das ich gerne anführe, ist das Objective, das ich für das Schreiben dieses Buches definiert hatte: Objective: Mein Fachbuch zur von mir adaptierten Vorgehensweise Personal OKR ist erfolgreich am Markt verfügbar.

Bei der Definition und Formulierung dieses Objectives wurde mir schnell klar, dass hier viele Maßnahmen erforderlich sind, um dieses Ziel zu erreichen. Anfangs hatte ich eine Laufzeit von drei Monaten festgelegt, aber bei der Ausarbeitung der Key Results stellte ich fest, dass dies nicht ausreichte. Daher habe ich die Laufzeit auf sechs Monate ausgedehnt und die Key Results entsprechend angepasst.

Zusammenfassend lässt sich sagen, dass die Flexibilität der Laufzeiten im Personal OKR von entscheidender Bedeutung ist und sinnvoll eingesetzt werden sollte.

Individuelle Ziele erfordern unterschiedliche Zeitspannen, und es ist wichtig, dies bei der Planung und Umsetzung zu berücksichtigen. Durch die Anpassung der Laufzeit können wir sicherstellen, dass unsere OKRs realistisch und erreichbar sind, und somit effektiv zu unserem persönlichen Erfolg beitragen.

Die perfekte Balance der Key Results

In den vorherigen Kapiteln haben wir uns intensiv mit der Definition und Formulierung von Key Results im Kontext des OKR-Frameworks beschäftigt. Wir haben gelernt, dass Key Results messbar, relevant und herausfordernd sein sollten, um effektive Ergebnisse zu erzielen. Nun wollen wir den Fokus auf den Zusammenhang zwischen der Laufzeit eines OKR-Zyklus und der Anzahl der Key Results legen.

Im Personal OKR Framework arbeiten wir mit variablen Laufzeiten für unsere OKR. Dies stellt einen der größten Unterschiede zum Standard-Framework dar. Die Laufzeit eines OKR-Zyklus kann von einem Monat bis zu mehreren Monaten reichen. Die Frage, die sich hier stellt, ist: Wie beeinflusst die Laufzeit die Anzahl der Key Results?

 Grundsätzlich lässt sich festhalten, dass je kürzer die Laufzeit eines Zyklus ist, desto niedriger sollte die Anzahl der Key Results sein.

Im herkömmlichen OKR-Framework wird oft von 4-5 Key Results pro Objective gesprochen. Im geschäftlichen Umfeld findet man häufig die Kombination von 3 Key Results pro Objective vor. Doch wie viele Key Results sind nun die richtige Anzahl? Ob der Begriff „richtig" hier angemessen ist, wollen wir gar nicht diskutieren. Stattdessen möchte ich meine eigenen Experimente mit unterschiedlichen Laufzeiten und Anzahlen von Key Results teilen.

Basierend auf diesen Ergebnissen, dient die folgende Tabelle als Empfehlung für das Personal OKR-Framework:

Zyklus in Monaten	max. Objectives	max. Key Results/ Objectives
1	1	2
2	1	3
3	2	4
6	2	5

Diese Tabelle legt nahe, dass es sinnvoll ist, die Anzahl der Key Results auf das Wesentliche zu reduzieren. Bei einem einmonatigen Zyklus werden beispielsweise nur zwei Key Results empfohlen, die einen starken Einfluss auf das Objective haben. Mit jeder Erhöhung der Laufzeit um einen Monat kann die Anzahl der Key Results um eins erhöht werden.

Allerdings sollte bei einem dreimonatigen Zyklus genau überlegt werden, ob es noch sinnvoll ist, mit dem Maximum von vier Key Results zu arbeiten, insbesondere wenn man ein zweites Objective verfolgt. Denn manchmal ist weniger tatsächlich mehr!

 Anstatt die Zeit auf eine größere Anzahl von Key Results zu verteilen, empfehle ich, die Zeit in die Suche nach den stärksten und wirkungsvollsten Key Results für dein Objective zu investieren.

Es ist wichtig zu beachten, dass diese Empfehlungen auf meinen eigenen Experimenten und Erfahrungen basieren und nicht als starre Regeln angesehen werden sollten. Jedes Unternehmen und jede Situation ist einzigartig, und es ist entscheidend, das OKR-Framework an die individuellen Bedürfnisse anzupassen.

Transformation mit Messbarkeit & Analyse

Der Weg zum Erfolg ist geprägt von kontinuierlicher Messung und Bewertung der eigenen Ziele. Das OKR-Framework hat sich als wertvolles Instrument erwiesen, um die Zielerreichung zu unterstützen. Im geschäftlichen Kontext sind die wöchentlichen „OKR Weeklys" zu einem festen Ritual geworden. Doch wie können wir dieses Prinzip auf das Personal-OKR-Framework übertragen?

Schritt 1 - Die wöchentliche Analyse
Die wöchentliche Analyse ist ein entscheidender Schritt auf dem Weg zur Zielerreichung. Nimm dir bewusst jede Woche etwa 15 Minuten Zeit, um den aktuellen Status deiner Key Results zu betrachten und zu bewerten. Während dieser Zeit solltest du dein persönliches Objective in den Fokus nehmen und reflektieren, wie weit du bereits auf dem Weg dorthin gekommen bist.
Nimm dir einen Moment, um den Fortschritt und den Erfüllungsgrad jedes einzelnen Key Results zu dokumentieren. Frage dich, ob du bereits wichtige Meilensteine erreicht hast oder ob es noch Handlungsbedarf gibt, um deine Ziele zu erreichen. Indem du den Erfüllungsgrad transparent machst, erhältst du eine klare Vorstellung davon, wie gut du auf dem richtigen Weg bist.

Visualisiere auch die konkreten Aufgaben, an denen du in der kommenden Woche arbeiten möchtest, um deine Ziele weiter voranzutreiben. Dies ermöglicht es dir, den Fokus zu behalten und gezielt an den Aufgaben zu arbeiten, die den größten Einfluss auf deine Zielerreichung haben. Du kannst zum Beispiel eine Liste von Aufgaben erstellen oder ein visuelles Tool wie ein Personal Kanban verwenden, um den Überblick zu behalten.

Die wöchentliche Analyse dient nicht nur dazu, den Fortschritt zu messen, sondern auch als Motivationsquelle. Indem du regelmäßig über deine Erfolge nachdenkst und dir bewusst machst, wie weit du bereits gekommen bist, kannst du deinen eigenen Fortschritt erkennen und dich weiterhin auf dem richtigen Weg fühlen.

Nutze diese wöchentliche Analyse als Gelegenheit, um dich selbst zu reflektieren und anzuspornen. Feiere deine Erfolge und erkenne auch die Bereiche, in denen noch Verbesserungspotenzial besteht. Durch diese bewusste Auseinandersetzung mit deinen Zielen und Fortschritten bleibst du fokussiert und engagiert, um deine Key Results erfolgreich zu erreichen.

Schritt 2 - Übertragung in dein Aufgabenmanagement
Damit du die Aufgaben, die sich aus der wöchentlichen Betrachtung ergeben, nicht aus den Augen verlierst und effektiv bearbeiten kannst, empfiehlt es sich, diese direkt in dein persönliches Aufgabenmanagement zu überführen. Es gibt verschiedene Ansätze, die du dabei verwenden kannst, je nachdem, was für dich am besten funktioniert.

Eine einfache und beliebte Methode ist die Verwendung einer ToDo-Liste. Schreibe die identifizierten Aufgaben in eine Liste, sei es auf Papier oder digital, und halte sie an einem Ort fest, an dem du regelmäßig darauf zugreifen kannst. Die Liste ermöglicht es dir, einen klaren Überblick über deine Aufgaben zu behalten und sie nach und nach abzuarbeiten.

Eine weitere Möglichkeit ist die Anwendung des Personal Kanban-Systems von Jim Benson. Dabei werden Aufgaben in verschiedene Kategorien wie „Zu erledigen", „In Bearbeitung" und „Erledigt" eingeteilt. Du kannst Tools oder Apps nutzen, die speziell für das Kanban-System entwickelt wurden, um deine Aufgaben zu organisieren und zu verfolgen. Du kannst aber auch Karten oder Post-it-Notizen verwenden, um deine Aufgaben zu visualisieren und ihren Fortschritt nachvollziehbar zu machen.

Eine weiter Methode zum persönlichen Aufgabenmanagement ist die Methode „Getting Things Done." Die „Getting Things Done" (GTD)-Methode ist ein Produktivitätssystem, das von David Allen entwickelt wurde, um Menschen dabei zu helfen, ihre Aufgaben zu organisieren und ihre Produktivität zu steigern. GTD basiert auf dem Konzept der „mentalen Entlastung", bei dem man alle Aufgaben, Ideen und Verpflichtungen aus dem Kopf nimmt und sie in einem externen System erfasst. Unabhängig von der gewählten Methode ist es wichtig, dass du deine Aufgaben so organisierst, dass sie für dich übersichtlich und handhabbar sind. Finde heraus, welches System am besten zu deiner Arbeitsweise passt und dich dabei unterstützt, den Fokus auf deine Key Results und deren Umsetzung zu behalten. Es ist auch hilfreich, regelmäßig deine Aufgabenliste zu überprüfen und zu aktualisieren, um sicherzustellen, dass du immer auf dem neuesten Stand bist und keine wichtigen Aufgaben übersehen werden.
Indem du deine Aufgaben effektiv organisierst und im Blick behältst, schaffst du eine Struktur, die dir dabei hilft, deine Ziele erfolgreich zu verfolgen und deine Key Results zu erreichen. So bleibst du produktiv, motiviert und behältst den Überblick über deine Fortschritte.

Schritt 3 - Der persönliche OKR-Abschluss

Wenn deine definierte Laufzeit für das OKR zu Ende geht, ist es von großer Bedeutung, bewusst Zeit für deinen persönlichen OKR-Abschluss einzuplanen. In diesem Abschluss geht es darum, eine gründliche Bewertung deines Zielerreichungsgrads vorzunehmen und reflektierend zu beurteilen, ob du dein angestrebtes Ziel tatsächlich erreicht hast.

Es ist wichtig zu beachten, dass dein Objective ein Zielbild darstellt, das nicht zwangsläufig an bestimmte Kennzahlen oder andere messbare Werte gebunden ist. Vielmehr geht es darum, den erreichten Zustand zu beurteilen und zu überprüfen, ob er dem angestrebten Zustand entspricht, den dein Zielbild widerspiegelt. Diese Beurteilung basiert auf deiner persönlichen Perspektive und deinem Verständnis davon, was du mit deinem Ziel erreichen wolltest.

Wenn du unsicher bist, ob du dein Ziel vollständig erreicht hast, kannst du eine detaillierte Analyse durchführen, um zu verstehen, was aktuell noch fehlt, um es vollständig zu erreichen. Frage dich, welche Aspekte oder Meilensteine noch offen sind und welche Schritte du unternehmen könntest, um sie zu erreichen. Es kann auch hilfreich sein, die Bedeutung dieser ausstehenden Aspekte zu bewerten und abzuwägen, wie wichtig sie für den Gesamterfolg deines OKRs sind.

Nimm dir ausreichend Zeit für diesen Abschluss und erlaube dir, tief in deine Gedanken einzutauchen. Reflektiere über den Weg, den du zurückgelegt hast, und betrachte die erreichten Ergebnisse. Diese Selbstreflexion ermöglicht es dir, wichtige Erkenntnisse zu gewinnen und ein besseres Verständnis für deine persönlichen Stärken, Schwächen und Entwicklungsmöglichkeiten zu entwickeln.

Der OKR-Abschluss ist nicht nur ein Moment der Bewertung,

sondern auch eine Gelegenheit, um zu lernen und zukünftige Verbesserungen zu planen. Identifiziere die Bereiche, in denen du während der Laufzeit Schwierigkeiten hattest oder wo Verbesserungen möglich wären. Überlege, wie du diese Erkenntnisse nutzen kannst, um in Zukunft besser aufgestellt zu sein und effektiver an deinen Zielen zu arbeiten.

Gib dir selbst die nötige Zeit und den Raum, um diesen Abschlussprozess angemessen durchzuführen. Nimm etwa 45-60 Minuten Zeit, um deine Gedanken zu sammeln, den Zustand deines OKRs zu bewerten und Pläne für deine zukünftige Vorgehensweise zu entwickeln. Dieser Abschluss ist eine wertvolle Phase, um deine Erfolge zu feiern, Lektionen zu lernen und dich auf den nächsten OKR-Zyklus vorzubereiten.

Erfolge feiern: Belohnung und Motivation

Herzlichen Glückwunsch! Du hast es geschafft, bis zum Abschluss der OKR-Laufzeit durchzuhalten und deine persönlichen Ziele zu verfolgen. Jetzt ist es an der Zeit, deine Erfolge zu feiern und dich selbst für deine harte Arbeit zu belohnen. Das Feiern der eigenen Erfolge spielt eine wichtige Rolle bei der persönlichen Entwicklung und Motivation. Oft konzentrieren wir uns so sehr auf das Erreichen unserer Ziele, dass wir vergessen, uns selbst zu gratulieren und uns zu belohnen. Das Feiern ermöglicht es uns, positive Emotionen zu erleben und den eigenen Fortschritt bewusst anzuerkennen.

Es gibt verschiedene Möglichkeiten, deine Erfolge angemessen zu feiern. Individuell angepasst an deine Vorlieben und Bedürfnisse kannst du eine Form des Feierns wählen, die dir Freude bereitet und dich motiviert. Du könntest dir beispielsweise eine besondere Belohnung gönnen, die dich glücklich macht und dich mit deinem Erfolg verbindet. Das könnte ein Wellness-Tag sein, an dem du dich mit Massagen, Saunagängen oder anderen Entspannungsbehandlungen verwöhnst. Oder du könntest dir ein leckeres Essen in deinem Lieblingsrestaurant gönnen oder eine kulinarische Erfahrung machen, von der du schon lange geträumt hast. Wichtig ist, dass die Belohnung etwas ist, das dich wirklich glücklich macht und das du mit deinem Erfolg verbindest.

Eine weitere Möglichkeit ist das gemeinsame Feiern mit Freunden und Familie. Lade sie ein, um deine Erfolge zu teilen und gemeinsam einen schönen Tag zu verbringen. Ihr könntet zum

Beispiel einen Ausflug in die Natur machen, wandern gehen oder ein Picknick veranstalten. Alternativ könntet ihr auch eine kleine Feier bei dir zu Hause veranstalten, bei der ihr euch austauscht, lacht und positive Energie teilt. Das gemeinsame Feiern stärkt die Beziehungen und schafft positive Erinnerungen. Indem du deine Erfolge mit anderen teilst, ermutigst du auch sie, ihre eigenen Ziele zu verfolgen und zu feiern.

Neben dem äußeren Feiern ist es auch wichtig, eine innere Reflexion vorzunehmen. Nimm dir Zeit, um über deine Erfolge nachzudenken und sie zu reflektieren. Schreibe in einem Tagebuch oder Notizbuch auf, was du erreicht hast, wie du dich dabei gefühlt hast und welche Lektionen du daraus gelernt hast. Die Reflexion ermöglicht es dir, den Wert deiner Erfolge zu erkennen und dich weiterzuentwickeln. Du kannst auch die Hindernisse und Herausforderungen reflektieren, die du auf dem Weg zu deinen Zielen überwunden hast. Indem du diese Reflexion durchführst, kannst du wertvolle Erkenntnisse gewinnen und dich auf kommende Ziele und OKR-Laufzeiten vorbereiten.

Das Feiern der eigenen Erfolge bietet zahlreiche Vorteile, die dich in deiner persönlichen Entwicklung weiterbringen. Zum einen dient es als Motivation, um weiterhin hart an deinen Zielen zu arbeiten. Indem du deine Erfolge bewusst wahrnimmst und feierst, steigt deine Motivation, auch zukünftig Höchstleistungen zu erbringen. Das Feiern verstärkt auch das positive Verhalten, das zur Erreichung deiner Ziele geführt hat. Indem du deine Erfolge feierst, trainierst du dein Gehirn, positive Assoziationen mit deinen Bemühungen und Zielen zu verknüpfen. Das stärkt die Verbindung zwischen deinem Verhalten und den positiven Ergebnissen, die du erzielt hast, und motiviert dich, weiterhin die notwendigen Schritte zu unternehmen, um deine Ziele zu erreichen.

Darüber hinaus stärkt das Feiern deiner Erfolge dein Selbstvertrauen und dein Selbstwertgefühl. Du erkennst, dass du in der Lage bist, herausfordernde Ziele zu erreichen und dass deine Anstrengungen sich lohnen. Dieses gestärkte Selbstvertrauen wird sich auch auf andere Bereiche deines Lebens übertragen und dir dabei helfen, noch größere Ziele anzugehen. Du wirst dich selbstbewusster fühlen und daran glauben, dass du jede Herausforderung meistern kannst, die dir begegnet.

Nicht zuletzt ermöglicht das Feiern dir, den Augenblick bewusst zu genießen und stolz auf das zu sein, was du erreicht hast. Oft sind wir so sehr auf die Zukunft fokussiert, dass wir vergessen, den Moment zu würdigen. Das Feiern erlaubt es dir, im Hier und Jetzt zu sein und die Früchte deiner harten Arbeit zu ernten. Du kannst den Moment feiern und dich an deinen Erfolgen erfreuen, bevor du dich auf neue Ziele und Herausforderungen konzentrierst.

Das Feiern der eigenen Erfolge am Ende einer OKR-Laufzeit im persönlichen Umfeld ist von großer Bedeutung für deine Motivation, dein Selbstvertrauen und deine persönliche Entwicklung. Indem du deine Erfolge bewusst würdigst und feierst, schaffst du eine positive Atmosphäre und erhöhst deine Chancen auf weiteren Erfolg. Es ist wichtig, sich selbst zu gratulieren und sich für die harte Arbeit zu belohnen, die du investiert hast. Also zögere nicht, dich selbst zu feiern und belohne dich für deine Leistungen – du hast es verdient!

Teil IV

Personal OKR Canvas

Ein Werkzeug für die persönliche Entwicklung

Ich freue mich, dir mein von mir entwickeltes Personal OKR Canvas vorzustellen. Es ist ein äußerst nützliches Werkzeug, das dir helfen wird, mehr Struktur in die Erfassung und Verfolgung deiner persönlichen Ziele zu bringen. Mit diesem Canvas erhältst du eine praktische Methode, um deine Ziele (Objects) und die damit verbundenen Schlüsselergebnisse (Key Results) besser zu definieren und zu visualisieren.

Indem du das Personal OKR Canvas verwendest, wirst du in der Lage sein, einen klaren Fokus auf deine Ziele zu halten. Du kannst es an einem gut sichtbaren Ort aufhängen, sei es in deinem Büro, Zuhause oder an einem anderen Ort, der für dich gut sichtbar ist. Dadurch wird es zu einem ständigen visuellen Reminder für dich, der dir hilft, deine Ziele nicht aus den Augen zu verlieren und deine Bemühungen darauf auszurichten.

Eine der großen Vorteile dieses Canvas ist die Möglichkeit, deine Ziele und Key Results in einer strukturierten Art und Weise zu erfassen. Dadurch wird es einfacher, den Fortschritt zu verfolgen und zu messen. Du kannst deine Ziele und die dazugehörigen Schlüsselergebnisse klar definieren und auf dem Canvas festhalten. Dies schafft Klarheit und Transparenz, sowohl für dich selbst als auch für andere, die möglicherweise an deinen Zielen beteiligt sind oder diese unterstützen.

Darüber hinaus bietet das Personal OKR Canvas eine weitere wichtige Funktion: die Markierung von Dimensionen deiner Ziele. Du hast die Möglichkeit, eine oder mehrere Dimensionen zu markieren, die mit deinen Zielen in Verbindung stehen. Zum Beispiel könntest du persönliches Wachstum, Fitness und Gesundheit als Dimensionen wählen. Zusätzlich könntest du auch mentale Gesundheit und zielgerichtetes Lernen als Dimensionen auswählen. Diese Dimensionen ermöglichen es dir, deine Ziele aus verschiedenen Perspektiven zu betrachten und sicherzustellen, dass du alle wichtigen Aspekte abdeckst, um ein ausgewogenes und erfüllendes Leben zu führen.

Mit dem Personal OKR Canvas hast du nicht nur ein Werkzeug zur Hand, um deine Ziele zu erfassen und zu visualisieren, sondern auch eine Methode, um den Fortschritt zu messen und sicherzustellen, dass du auf dem richtigen Weg bist. Es ist ein Instrument, das dich dabei unterstützt, fokussiert und motiviert zu bleiben, indem es dir ermöglicht, deine Ziele klar zu definieren, den Fortschritt zu verfolgen und die notwendigen Anpassungen vorzunehmen, um deine Ziele zu erreichen.

Ich bin überzeugt, dass das Personal OKR Canvas dir dabei helfen wird, deine persönlichen Ziele effektiver zu planen, zu verfolgen und letztendlich zu erreichen. Es ist ein leistungsstarkes Werkzeug, das dir dabei hilft, die gewünschte Struktur und Klarheit in deinem persönlichen Erfolgsprozess zu schaffen. Ich hoffe, dass du es mit Begeisterung nutzen wirst und dass es dir dabei hilft, deine Träume und Ziele in die Realität umzusetzen.

Download

Das Personal OKR Canvas stelle ich auf meiner Webseite zum kostenlosen herunterladen zur Verfügung.

Gehe einfach im Webbrowser auf folgenden Link:
www.personalokr.de/downloads

PERSONAL OKR Canvas

VERSION 1.3 | 7.2023

Dein Werkzeug um deine persönlichen
Ziele zu durchbrechen.

Name _____

Datum _____

Zielbild

Dimensionen

☐ Persönliches Wachstum ☐ Fitness und Gesundheit

☐ Mentale Gesundheit ☐ zielgerichtetes Lernen

☐ Finanzen ☐ _____

1 Monat Laufzeit

2 Monate Laufzeit

3 Monate Laufzeit

6 Monate Laufzeit

Personal OKR Canvas created by Oliver Pinkoss.
www.personalokr.de | www.einfachsagen.de

Schlüsselergebnisse 1

Schlüsselergebnisse 2

Schlüsselergebnisse 3

Schlüsselergebnisse 4

Schlüsselergebnisse 5

This work is licensed under the Creative Commons Attribution-Share Alike 4.0.
To view a copy of this license, visit: http://creativecommons.org/licenses/by-sa/4.0/

Ein paar Worte zum Schluss

In diesem Buch habe ich die Historie und Erfolgsfaktoren von OKR im Business Kontext beschrieben und mein persönliches OKR Framework vorgestellt, das speziell auf individuelles Wachstum und persönliche Ziele abzielt. Ich habe es in vier Teile gegliedert, um die verschiedenen Aspekte meiner Entwicklung und Implementierung zu beleuchten.

Abschließend möchte ich betonen, dass das Personal OKR Framework ein leistungsfähiges Instrument für persönliches Wachstum und Zielerreichung ist. Es kombiniert die bewährten Methoden von OKR mit Anpassungen, die speziell auf individuelle Bedürfnisse zugeschnitten sind. Indem wir unser persönliches OKR Framework implementieren, können wir unsere Ziele klar definieren, messbare Ergebnisse erzielen und kontinuierlich an unserem persönlichen Wachstum arbeiten. Das Personal OKR Framework gibt uns Struktur, Fokus und Flexibilität, um unsere Visionen zu verwirklichen und unser volles Potenzial auszuschöpfen.

Das in diesem Buch präsentierte Personal OKR Framework ist das Ergebnis meiner persönlichen Erfahrungen, Forschung und Reflexion. Es spiegelt meinen individuellen Ansatz und meinen Weg wider, wie ich OKR auf meine eigenen Ziele und mein persönliches Wachstum anwende. Es ist wichtig zu betonen, dass dieser Ansatz nicht automatisch für jeden Leser oder jede Leserin passend ist. Jeder Einzelne wird seine eigenen Anpassungen, Erweiterungen und Interpretationen vornehmen müssen, um das Framework an die individuellen Bedürfnisse und

Umstände anzupassen.

Das Personal OKR Framework, wie es hier präsentiert wurde, dient als Ausgangspunkt und Inspirationsquelle. Es bietet eine Struktur und eine Reihe von bewährten Methoden, die helfen können, Ziele zu setzen, Fortschritte zu verfolgen und das persönliche Wachstum zu fördern. Es basiert auf den Kernprinzipien von OKR, wie zum Beispiel der Fokussierung auf messbare Ergebnisse und der regelmäßigen Überprüfung und Anpassung der Ziele.

Meine drei wichtigsten Hebel zu Herausforderungen und Erfolgsfaktoren im Personal OKR.

Flexiblität - Entdecke, wie du dich anpassen und weiterentwickeln kannst, um maximale Effektivität und Erfüllung in deinen persönlichen OKR zu erzielen. Lerne, wie Flexibilität dich dabei unterstützt, Hindernisse zu überwinden und dein volles Potenzial zu entfalten.

Fokusierung - Erfahre, wie du deine Energien gezielt auf die wichtigsten Ziele lenken kannst, um maximale Ergebnisse im Privatleben zu erzielen. Entdecke die Kraft der Fokussierung, um Ablenkungen zu minimieren und deine Konzentration auf das Wesentliche zu lenken.

Erfolgreich - Erfahre, wie das bewusste Anerkennen und Feiern deiner Erfolge deine Motivation steigern und dein persönliches Wachstum fördern kann. Tauche ein in die Welt der positiven Verstärkung und entdecke, wie das Feiern von kleinen und großen Erfolgen dich auf deinem Weg zu den persönlichen OKR-Zielen unterstützt.

Dennoch ist es wichtig zu erkennen, dass jeder Einzelne seine eigene Reise des persönlichen Wachstums hat und dass es keine „one-size-fits-all" Lösung gibt. Was für mich funktioniert, mag für andere nicht passen, und umgekehrt. Jeder Leser und jede Leserin wird seinen oder ihren eigenen Weg finden müssen, indem sie das Framework an ihre eigenen Ziele, Werte, Stärken und Umstände anpasst.

Daher ermutige ich jeden Leser und jede Leserin, das Personal OKR Framework als Ausgangspunkt zu betrachten und es mit ihren eigenen Ideen, Erkenntnissen und Erfahrungen zu erweitern. Sei mutig und kreativ, experimentiere mit verschiedenen Ansätzen und passen Sie das Framework an Ihre individuellen Bedürfnisse an. Nutze die vorgestellten Methoden, Werkzeuge und Konzepte als Inspirationsquelle, um deine persönlichen Ziele klar zu definieren, deine Fortschritte zu verfolgen und sich kontinuierlich weiterzuentwickeln.

Am Ende des Tages geht es darum, dass du deine eigene Reise des persönlichen Wachstums gestalten und dein volles Potenzial entfalten. Das Personal OKR Framework kann dabei eine wertvolle Unterstützung sein, aber es liegt an dir, es anzupassen und zu erweitern, um deinen eigenen Weg zu finden. Sei offen für neue Ideen, lerne aus den Erfahrungen und passen die Vorgehensweise kontinuierlich an. So kannst du deine Ziele erreichen, persönliches Wachstum fördern und eine erfüllende und bedeutungsvolle Reise des Erfolgs gestalten.

Deine Notizen

Personal OKR